Aprendizaje basado en proyectos: la historia estadounidense

MÉTODOS DE RESOLUCIÓN DE PROBLEMAS DEL

CONGRESO CONTINENTAL

JEREMY MORLOCK

TRADUCIDO POR ESTHER SARFATTI

PowerKiDS press

NEW YORK

Published in 2019 by The Rosen Publishing Group, Inc.
29 East 21st Street, New York, NY 10010

Translator: Esther Sarfatti
Editorial Director, Spanish: Nathalie Beullens-Maoui
Editor, Spanish: María Cristina Brusca
Editor, English: Therese Shea
Book Design: Rachel Rising

Photo Credits: Cover, p. 25 https://commons.wikimedia.org/wiki/File:Declaration_of_Independence_(1819),_by_John_Trumbull.jpg; Cover, pp. 1, 3, 4, 6, 7, 8, 10, 11, 12, 14, 15, 16, 18, 20, 21, 22, 23, 24, 26, 27, 28, 29, 30, 31, 32 Lyubov_Nazarova/Shutterstock.com; p. 5 Marco Rubino/Shutterstock.com; pp. 6, 10, 14, 16, 26, 28 (insert) kontur-vid/Shutterstock.com; p. 7 Culture Club/Contributor//Hulton Archive/Getty Images; p. 9 https://upload.wikimedia.org/wikipedia/commons/a/a1/CharlesThomson.jpg; p. 11 Bettmann/Contributor/Getty Images; p. 13 MPI/Stringer/Getty Images; pp. 15, 17, 22, 29 (background) Reinhold Leitner/Shutterstock.com; pp. 15, 17, 19, 22, 27, 29 Courtesy of the Library of Congress; p. 17 Courtesy of the National Archives Catalog; p. 20 Olivier Le Queinec/Shutterstock.com; p. 21 Sean Pavone/Shutterstock.com; p. 23 https://upload.wikimedia.org/wikipedia/commons/d/df/Official_Presidential_portrait_of_John_Adams_%28by_John_Trumbull%2C_circa_1792%29.jpg; p. 29 artnana/Shutterstock.com; p. 30 Chip Somodevilla/Getty Images News/Getty Images.

Cataloging-in-Publication Data

Names: Morlock, Jeremy.
Title: Métodos de resolución de problemas del Congreso Continental / Jeremy Morlock.
Description: New York : PowerKids Press, 2019. | Series: Aprendizaje basado en proyectos: la historia estadounidense | Includes glossary and index.
Identifiers: LCCN ISBN 9781538333921 (pbk.) | ISBN 9781538333914 (library bound) |
ISBN 9781538333938 (6 pack)
Subjects: LCSH: United States. Continental Congress—Juvenile literature. | United States—Politics and government—To 1775—Juvenile literature. | United States—History—Revolution, 1775–1783--Causes—Juvenile literature. | United States—Politics and government—1775–1783—Juvenile literature.
Classification: LCC E303.M66 2019 | DDC 973.3—dc23

Manufactured in the United States of America

CPSIA Compliance Information: Batch #CS18PK For further information contact Rosen Publishing, New York, New York at 1-800-237-9932.

CONTENIDO

El Primer Congreso Continental 4
Resolución de problemas 6
Asignar funciones 8
Definir el problema 10
Mantener el orden 12
Deliberación 14
Debate 16
Voto mayoritario 18
El Segundo Congreso Continental . . . 20
La creación de comités 22
Repaso y revisión 24
Investigación 26
Los Artículos de la Confederación . . . 28
¡Ahora te toca a ti! 30
Glosario 31
Índice 32
Sitios de Internet 32

EL PRIMER CONGRESO CONTINENTAL

A finales del siglo XVIII, mucha gente en las colonias británicas de América se sentía descontenta con las leyes e impuestos creados por el **Parlamento**. Cuando, en la primavera de 1774, el Parlamento aprobó un conjunto de leyes conocidas como Leyes **Coactivas**, los líderes coloniales entraron en acción. Las Leyes Coactivas, también llamadas Leyes Intolerables, se crearon para castigar a Massachusetts por el Motín del Té de Boston y para controlar a las colonias en general. Muchos americanos opinaban que el Parlamento estaba actuando de manera injusta y que no tenía en cuenta los derechos de los colonos.

Doce colonias enviaron **representantes**, o delegados, a Filadelfia, Pensilvania, en el otoño de 1774 (Georgia no participó). Los 56 delegados se reunieron entre el 5 de septiembre y el 26 de octubre de 1774. El objetivo del Primer Congreso Continental era decidir cómo deberían responder las colonias a estas leyes.

El Primer Congreso Continental se reunió en Carpenters' Hall, Filadelfia.

RESOLUCIÓN DE PROBLEMAS

Mientras vayas leyendo acerca del Congreso Continental, piensa en cómo trabajaron los delegados para resolver sus problemas. A veces, lo primero que tenían que hacer era determinar exactamente cuáles eran los problemas. Después, debían decidir de qué manera podrían tratar de solucionarlos. Finalmente, tenían que encontrar la mejor solución a cada problema, o al menos la solución que fuera aceptable para la mayor parte de la gente.

Los delegados empezaron por determinar qué funciones, o tareas, debía tener cada persona que participaba en el Congreso Continental, los objetivos que querían lograr y cuál era la mejor manera en que los delegados podían trabajar juntos.

Se habla demasiado

Todos los delegados eran hombres blancos y ricos. John Adams se quejaba de que a menudo hablaban demasiado: "Existe tanto ingenio, sentido y sabiduría… entre cincuenta caballeros, cada uno de los cuales está acostumbrado a dirigir y guiar en su propia provincia, que una inmensidad de tiempo se gasta innecesariamente". ¿Crees que hubiera sido mejor para el Congreso Continental incluir a gente de orígenes diferentes? ¿Por qué?

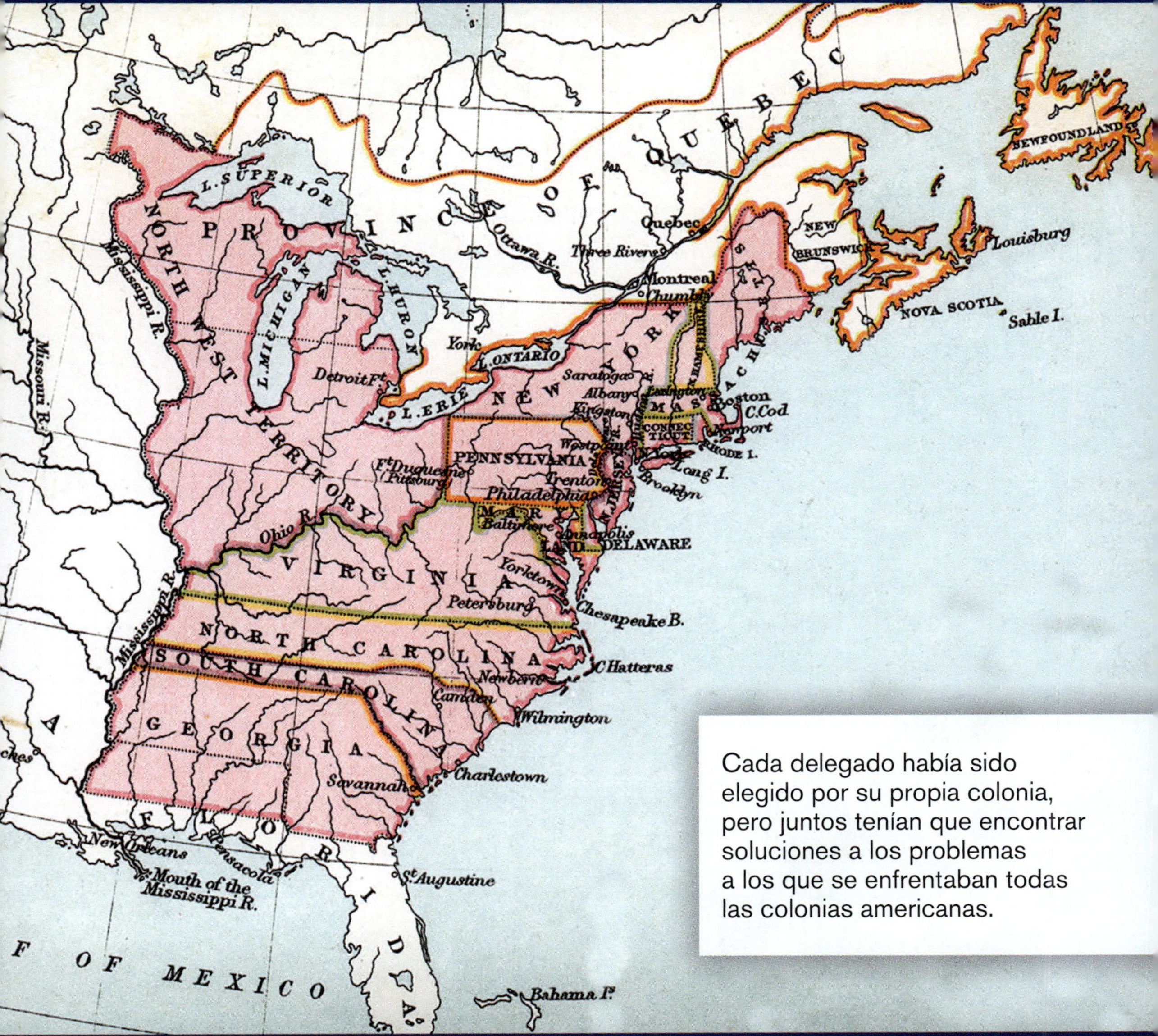

Cada delegado había sido elegido por su propia colonia, pero juntos tenían que encontrar soluciones a los problemas a los que se enfrentaban todas las colonias americanas.

Aunque los problemas sean diferentes, hoy en día la gente sigue usando muchos de los mismos métodos para resolver problemas. Piensa en cómo podrías aplicar estos métodos a tus problemas, tanto en la escuela como en otros aspectos de tu vida.

ASIGNAR FUNCIONES

Lo primero que hizo el Congreso Continental, en septiembre de 1774, fue elegir un presidente y un secretario. Peyton Randolph, de Virginia, fue elegido presidente; y Charles Thomson, de Pensilvania, fue elegido secretario. La función del presidente no era dirigir las colonias, sino supervisar las reuniones del grupo. Debía encargarse de que los miembros tuvieran la oportunidad de hablar al grupo, pero no debía **influir** en los **debates**. John Adams, un delegado de Massachusetts, dijo que Randolph era "un moderador de debates honesto e **imparcial**".

¿Por qué crees que el Congreso Continental eligió presidente a Peyton Randolph? ¿Qué destrezas le pueden haber ayudado a asegurar el buen funcionamiento de las reuniones? ¿Por qué era importante que él fuera imparcial? Cuando tú trabajas en un grupo, ¿te parece útil que se asignen funciones a cada miembro del grupo?

Como secretario, Charles Thomson anotaba los votos y las acciones del Congreso Continental. Estas anotaciones ayudaban al grupo a mantener un registro de lo que se había dicho y las decisiones que se habían tomado.

DEFINIR EL PROBLEMA

Al principio, los delegados no sabían exactamente qué hacer. Patrick Henry de Virginia y Joseph Galloway de Pensilvania, por ejemplo, tenían puntos de vista muy diferentes. Henry pensaba que los lazos entre Inglaterra y América se habían roto. "Las flotas, los ejércitos y el estado actual de las cosas demuestran que el Gobierno se ha disuelto", declaró. Henry pensaba que el Congreso debía crear un gobierno nuevo.

Joseph Galloway creía que el Congreso Continental debía encontrar la manera de seguir trabajando con Inglaterra. Él esperaba que los delegados "actuaran con buen **talante** y moderación".

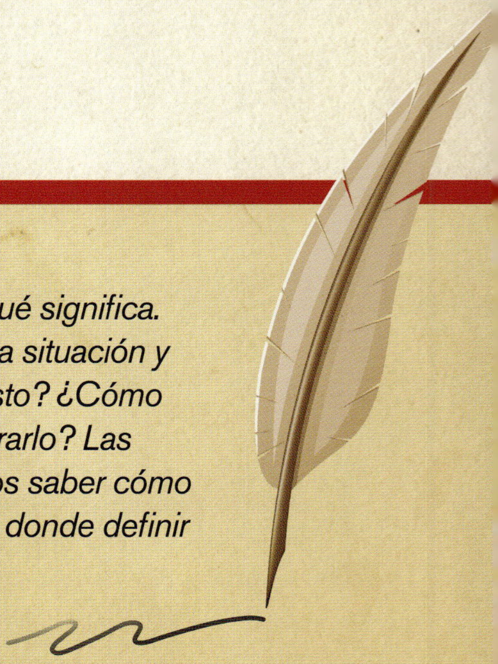

Hacer preguntas

Definir algo es decir exactamente lo que es o qué significa. Para definir un problema, debemos estudiar una situación y hacernos preguntas como: ¿Qué ocurre con esto? ¿Cómo podríamos mejorarlo? ¿Qué nos ***impide*** *mejorarlo? Las respuestas a esas preguntas pueden permitirnos saber cómo actuar. ¿Te has encontrado en alguna situación donde definir el problema podría ayudar a solucionarlo?*

En esta imagen, Patrick Henry está hablando al Congreso Continental. Era conocido por dar discursos atrevidos. ¿Crees que hablar así podría ser útil para demostrar algo? ¿O más bien podría impedir que hubiera una conversación razonable?

La mayoría opinaba que uno de los problemas más grandes era la relación que tenían las colonias con Inglaterra. Los colonos necesitaban representantes en el Gobierno para que protegieran sus derechos. Para que la relación durara, Inglaterra tendría que estar de acuerdo con eso.

MANTENER EL ORDEN

Si todo el mundo en el Congreso Continental hubiera hablado siempre a la misma vez, no se habría logrado nada. Los delegados se pusieron de acuerdo en que sus reuniones siguieran ciertas "reglas de orden" basadas en las reglas formales usadas por el Parlamento británico y por sus propios gobiernos coloniales. Por ejemplo, acordaron que cada delegado solo hablaría una vez de cierto tema, a menos que los demás le pidieran que hablara más. Las reglas de orden suelen incluir ser educado, escuchar respetuosamente las ideas de los demás y considerar con calma diferentes cuestiones. Sirven para que se escuchen todas las voces, pero a veces también limitan a la gente.

Thomas Jefferson escribiría más tarde que "las reglas eran tan torpes e incómodas que era imposible a veces comprender el verdadero sentido de la mayoría". ¿Por qué crees que no le gustaban? ¿Qué tipo de reglas podrían haber funcionado mejor?

Esta imagen muestra una reunión de los miembros del Primer Congreso Continental en Carpenters' Hall. Para que las reuniones grandes funcionaran mejor, la gente reunida debía pasar la mayor parte del tiempo escuchando.

DELIBERACIÓN

Los miembros del Congreso Continental sabían que sus acciones tendrían consecuencias importantes. Los delegados pasaron semanas deliberando qué mensaje debían enviar a Inglaterra. *Deliberación* significa pensar y hablar de algo, y considerar cuidadosamente la información antes de tomar una decisión. El Congreso Continental finalmente se puso de acuerdo en la Declaración de Derechos Coloniales, el 14 de octubre de 1774.

La declaración decía que todos los colonos "tenían derecho a la vida, la libertad y la propiedad, a un trato justo bajo la ley y a participar en el Gobierno". Decía que "las peticiones responsables, humildes, leales y razonables

El debido tiempo

La deliberación puede ser útil en situaciones en las cuales los detalles son importantes. Puede ayudar a la gente a llegar a un punto de vista común. Desafortunadamente, la deliberación puede tomar mucho tiempo. Algunas veces es necesario tomar una decisión rápidamente. Por ejemplo, los bomberos podrían deliberar cuál es el mejor lugar para poner una nueva estación de bomberos, pero no qué camión llevar a un incendio. Piensa en otras situaciones en las cuales podría ser bueno o malo deliberar.

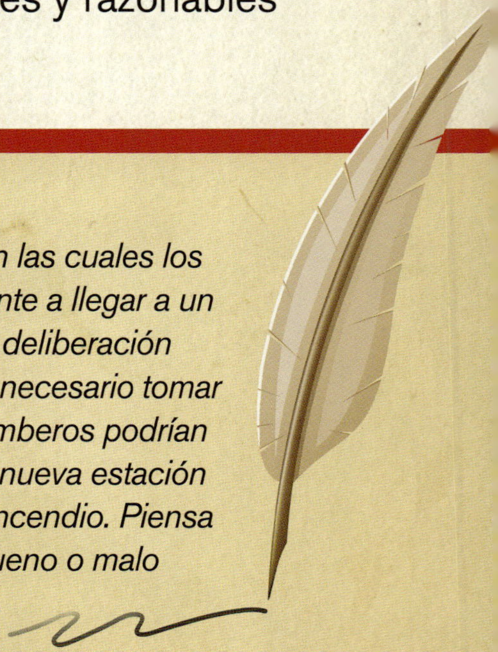

Esta caricatura política de 1774 muestra a una mujer, que representa a América, rodeada de llamas. Los hombres a su alrededor sostienen leyes del Parlamento que los patriotas veían como ataques.

a la Corona… se han recibido repetidamente con **desprecio**" y ofrecía una lista de las leyes del Parlamento que eran "muy peligrosas y destructivas para los derechos americanos". Pedía que esas leyes fueran revocadas, o canceladas oficialmente.

DEBATE

En un debate, se presenta información y opiniones a favor y en contra de algo. Los delegados sabían que detener o limitar el comercio con Inglaterra sería un mensaje claro. Algunos estaban a favor de detener completamente el comercio de forma inmediata. Otros querían permitir algo de comercio, al menos durante un tiempo limitado. El Congreso Continental sabía que las colonias tendrían que actuar juntas para que el plan, conocido como la Asociación Continental, funcionara.

El plan final pedía la prohibición inmediata del té británico y la prohibición total de las **importaciones** a partir del 1 de diciembre de 1774, la prohibición de las **exportaciones** a Europa, menos el arroz, a partir del 10 de septiembre de 1775. Los delegados de Carolina del Sur dijeron que su economía se arruinaría si paraban todas las exportaciones, así que se permitió exportar arroz "con tal de preservar la unión de América".

Más allá del desacuerdo

Seguramente alguna vez has estado en desacuerdo con alguien, ¿pero has debatido con esa persona? El debate va más allá de que cada uno diga cuál es su posición. Un debate es una manera formal de explorar un tema. Cada lado habla de diferentes puntos y explica por qué tiene la opinión que tiene. A veces los sentimientos fuertes hacen que sea difícil llevar a cabo un debate con calma. ¿En qué casos podría ser útil un debate formal para resolver un problema?

Los delegados sabían que querían que los americanos dejaran de comprar productos de Inglaterra, pero ponerse de acuerdo en un plan tomó tiempo. En el mensaje que aparece abajo, el Congreso Continental pidió a los comerciantes que no hicieran encargos de mercancías hasta que los debates hubieran terminado.

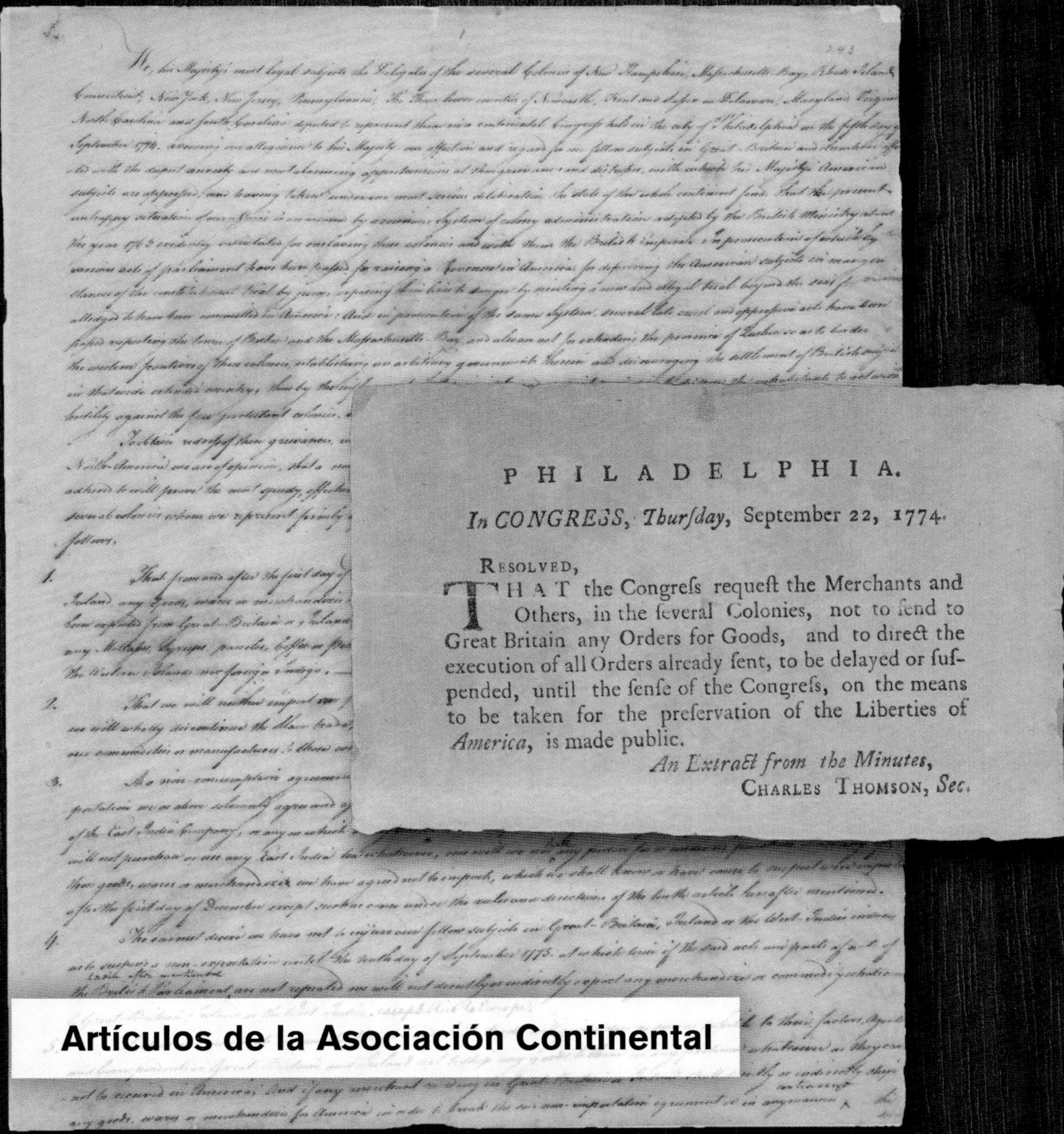

Artículos de la Asociación Continental

VOTO MAYORITARIO

Joseph Galloway, un delegado de Pensilvania, propuso el Plan de Unión, según el cual las colonias tendrían un presidente general nombrado por el rey y un gran consejo elegido por representantes de las colonias. Juntos, actuarían como una rama más débil y separada del Parlamento. Galloway pensó que así se evitaría la guerra a la vez que se protegerían los derechos americanos.

Varios delegados apoyaron a Galloway, pero a otros muchos no les gustó el plan. Richard Henry Lee y Patrick Henry de Virginia mostraron su oposición al plan. Después de un debate, fue rechazado por una mayoría de delegados el 22 de octubre de 1774.

Cuando se toman decisiones por voto mayoritario, se puede ver rápidamente qué ideas tienen más apoyo, aunque suponga un disgusto para los perdedores. ¿En qué casos podría ser útil este método para un grupo?

Esta ilustración de 1774 se llama *Una lección política*. Un caballo, que representa a América, echa por tierra a un jinete que representa a Inglaterra. El jinete se golpea la cabeza en una señal del camino a Boston. ¿Cuál crees que es la "lección" de esta imagen?

To
BOSTON
Miles

EL SEGUNDO CONGRESO CONTINENTAL

Antes de que terminara el Primer Congreso Continental, el 26 de octubre de 1774, los delegados acordaron volver a reunirse. La mayoría de las colonias enviaron a los mismos delegados al Segundo Congreso Continental, en mayo de 1775. Para entonces, la situación en América había cambiado. La guerra entre Inglaterra y las colonias había comenzado.

El Segundo Congreso Continental tenía otra serie de problemas para resolver: ¿Cómo se debería luchar en la guerra? ¿Era posible la paz? ¿Cómo funcionarían las colonias? Había más presión que nunca sobre los delegados.

Sala de reunión del Congreso.

El Segundo Congreso Continental se reunió en el State House de Pensilvania, actualmente conocido como Independence Hall. Cuando los soldados británicos amenazaron con tomar el control de Pensilvania, los delegados huyeron a Baltimore, Maryland, en diciembre de 1776.

El Segundo Congreso Continental comenzó a trabajar para crear un ejército, pagar los gastos de la guerra y establecer relaciones con otros países. Tenía que hacer frente a la situación de ese momento, pero también planear para el futuro.

LA CREACIÓN DE COMITÉS

En lugar de que más de 50 delegados se ocuparan de cada problema, el Congreso Continental formó pequeños grupos llamados *comités* para hacer ciertas tareas. El 14 de junio de 1775, el Congreso votó a favor de la creación del Ejército Continental. George Washington, Philip Schuyler, Silas Deane, Thomas Cushing y Joseph Hewes formaron parte de "un comité para crear un **borrador** de normas y reglas para el gobierno del ejército". Cuando terminaron de escribir el borrador, lo presentaron ante todo el Congreso Continental para su consideración. Había otro comité para supervisar los gastos del ejército.

El Congreso Continental creó una nueva moneda para ayudar a pagar los gastos de la guerra. Un comité se encargó de elegir el impresor mientras otro llevaba la cuenta del proceso de impresión.

John Adams sirvió en el Congreso Continental entre 1774 y 1777. Durante este tiempo, participó en 90 comités.

El Gobierno de Estados Unidos todavía usa comités. Los comités de hoy en día se ocupan de las Fuerzas Armadas, la educación, la agricultura y otras cuestiones. ¿En qué casos podrían ser útiles los comités en una escuela? ¿En qué casos podrían complicar la situación?

REPASO Y REVISIÓN

En 1776, el Congreso Continental pidió a un comité que creara un documento que declarara oficialmente a Estados Unidos de América un país independiente. El "Comité de los Cinco", compuesto por John Adams, Benjamin Franklin, Thomas Jefferson, Robert R. Livingston y Roger Sherman, decidió qué puntos principales se deberían incluir. Jefferson escribió un borrador. El comité hizo revisiones, o cambios, y luego lo presentó a todo el Congreso el 28 de junio.

Los delegados leyeron el borrador e hicieron más revisiones. Jefferson escribió que los delegados temerosos no querían disgustar a los ingleses y que "por esta razón aquellos fragmentos que **censuraban** a la gente de Inglaterra se habían eliminado". El Congreso también quitó las secciones que culpaban a Inglaterra del comercio de esclavos. Después de las últimas revisiones, el Congreso aprobó la versión final de la Declaración de Independencia el 4 de julio de 1776.

En esta pintura de 1819, de John Trumbull, el Comité de los Cinco presenta la Declaración de Independencia al Congreso Continental.

INVESTIGACIÓN

Para poder tomar decisiones para el nuevo país, el Congreso Continental necesitaba saber qué estaba pasando en las antiguas colonias. Los delegados pidieron a los líderes militares y los Gobiernos locales que les enviaran informes. También enviaron cartas para conocer la condición de los fuertes, los movimientos de las tropas y los sentimientos de la gente.

Puesto que el Congreso esperaba conseguir ayuda militar de Francia, envió a Silas Deane, un delegado de Connecticut, a París con estas instrucciones: "Llevarás un diario... especialmente de lo que pasa en tus conversaciones con grandes personajes; y, siempre que sea seguro, nos proporcionarás tal información que pueda ser importante".

Investigación esencial

El Congreso Continental reunió informes y envió a varios hombres a distintos lugares para que obtuvieran información. Esta información ayudó a los miembros del Congreso a tomar las mejores decisiones posibles. Si hubieran usado informes antiguos, es posible que no hubieran resuelto los problemas de la nueva nación. Cuando investigas algo, puedes entrevistar a gente, utilizar libros de la biblioteca y hacer investigación en Internet para encontrar la información que más te ayude a contestar una pregunta o llegar a entender un asunto.

Esta obra de arte muestra la batalla de septiembre de 1779, en la cual el barco americano Bonhomme Richard, capitaneado por John Paul Jones, venció al barco británico Serapis. Para poder dirigir, el Congreso Continental tenía que estar al tanto de las noticias de la guerra.

Piensa en alguna vez en que tú hayas tenido un problema. ¿Qué pasos tomaste para investigar y buscar posibles soluciones?

LOS ARTÍCULOS DE LA CONFEDERACIÓN

Uno de los logros principales del Segundo Congreso Continental fue la creación de los Artículos de la Confederación. Se trataba de un plan para un gobierno nacional. Construir este plan tomó más de un año. Debían ponerse de acuerdo los 13 estados para poder seguir adelante.

Para que todos los delegados lo aprobaran, la mayoría tuvo que ceder en algunas cosas que querían para su estado individual en beneficio de todos los estados. En una carta a los estados, el Congreso dijo: "Esto se propone como el

Crear consenso

Para que los Artículos de la Confederación se convirtieran en ley, tenía que haber consenso, o acuerdo general, entre los estados. Para crear consenso, los grupos a veces tienen que explicar las soluciones, intentar que los demás cambien de idea y hacer **concesiones***. Esto puede tardar bastante, pero también puede ayudar a que todo el mundo esté contento con la decisión final. ¡Maryland tardó dos años más que los demás estados en aprobar los Artículos! ¿Qué tipo de problemas pueden resolverse mejor cuando todo el mundo está de acuerdo en la solución?*

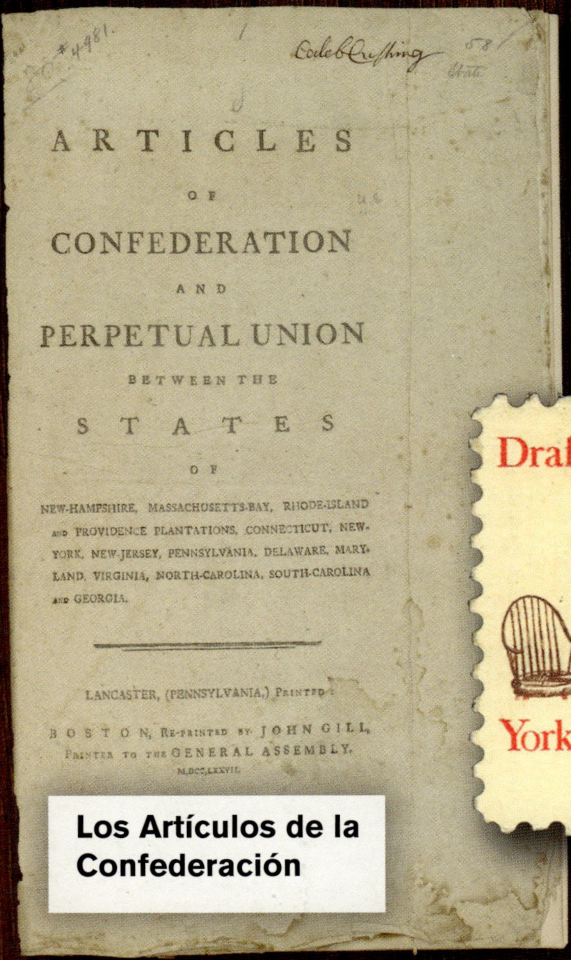

ARTICLES

OF

CONFEDERATION

AND

PERPETUAL UNION

BETWEEN THE

STATES

OF

NEW-HAMPSHIRE, MASSACHUSETTS-BAY, RHODE-ISLAND AND PROVIDENCE PLANTATIONS, CONNECTICUT, NEW-YORK, NEW-JERSEY, PENNSYLVANIA, DELAWARE, MARY-LAND, VIRGINIA, NORTH-CAROLINA, SOUTH-CAROLINA AND GEORGIA.

LANCASTER, (PENNSYLVANIA,) PRINTED:

BOSTON, RE-PRINTED BY JOHN GILL, PRINTER TO THE GENERAL ASSEMBLY.

M,DCC,LXXVII.

Los Artículos de la Confederación

En este sello, los delegados están trabajando en los Artículos de la Confederación. El Congreso señaló la “dificultad de combinar en un sistema general las opiniones e intereses de un continente dividido en tantas comunidades soberanas e independientes”.

mejor [plan], que podría adaptarse a las circunstancias de todos”. Los Artículos de la Confederación no eran perfectos, pero ayudaron a mantener al país en funcionamiento. El Congreso Continental los aprobó en noviembre de 1777 y fueron ratificados, o aprobados oficialmente, por el último de los estados en marzo de 1781.

¡AHORA TE TOCA A TI!

El Congreso Continental se enfrentó a muchos tipos de problemas. Los delegados sabían que su libertad y su futuro dependían de encontrar la solución correcta. El Congreso tuvo que utilizar varios métodos de resolución de problemas, algunas veces juntos y otras veces por separado. Seguramente definían primero el problema, luego repartían el trabajo, investigaban y finalmente votaban.

Los mismos métodos funcionan hoy en día, solos o combinados. Los planificadores urbanos definen los problemas que hay en las carreteras y el tránsito. Las juntas escolares siguen las reglas de orden. Los senadores y representantes debaten y deliberan antes de votar una ley.

Piensa en un problema que te gustaría resolver en tu escuela. Reúne a un grupo de amigos que también quieren resolverlo. Usa los métodos de resolución de problemas que has visto en este libro para encontrar una solución.

En esta foto del 2017, los miembros de un comité del Senado de Estados Unidos debaten si deben nombrar al juez Neil Gorsuch para el Tribunal Supremo de Estados Unidos.

GLOSARIO

borrador: documento o texto que no está terminado y que hay que revisar.

censurar: juzgar negativamente lo que hacen los demás.

coactivo: que usa fuerza o amenazas para obligar a alguien a hacer algo.

concesión: hecho de ceder, o dar, algo que se desea a otra persona o grupo para poder llegar a un acuerdo.

debate: discusión entre varias personas en la que se expresan diferentes opiniones acerca de algo.

desprecio: rechazo; falta de consideración o respeto.

exportación: algo que se envía desde un país a otro para su venta.

imparcial: que trata o afecta a todo de manera igual.

impedir: hacer imposible que se haga algo.

importación: algo que llega a un país desde otro para ser vendido.

influir: afectar o cambiar algo de forma indirecta, pero normalmente importante.

Parlamento: cámara o asamblea británica donde se hacen las leyes.

representante: miembro de una asamblea que hace leyes en nombre de sus votantes.

talante: manera con que se hace algo.

ÍNDICE

A
Adams, John, 6, 8, 23, 24
Artículos de la Confederación, 28, 29
Asociación Continental, 16, 17

C
Carolina del Sur, 16
Comité de los Cinco, 24
Connecticut, 26
Cushing, Thomas, 22

D
Deane, Silas, 22, 26
Declaración de Derechos Coloniales, 14
Declaración de Independencia, 24

F
Filadelfia, 4, 5, 21
Francia, 26
Franklin, Benjamin, 24

G
Galloway, Joseph, 10, 18
Georgia, 4

H
Henry, Patrick, 10, 11, 18
Hewes, Joseph, 22

I
Inglaterra, 10, 11, 14, 16, 17, 18, 20, 24

J
Jefferson, Thomas, 12, 24

L
Lee, Richard Henry, 18
Leyes Coactivas, 4
Leyes Intolerables, 4
Livingston, Robert R., 24

M
Maryland, 21, 28
Massachusetts, 4, 8
Motín del Té de Boston, 4

P
Parlamento, 4, 12, 15, 18
Pensilvania, 4, 8, 10, 18, 21
Plan de Unión, 18

R
Randolph, Peyton, 8

S
Schuyler, Philip, 22
Sherman, Roger, 24

T
Thomson, Charles, 8

V
Virginia, 8, 10, 18

W
Washington, George, 22

SITIOS DE INTERNET

Debido a la naturaleza cambiante de los enlaces de internet, PowerKids Press ha elaborado una lista de sitios de internet relacionados con el tema de este libro. Este sitio se actualiza de forma regular. Por favor, utiliza este enlace para acceder a la lista:
www.powerkidslinks.com/pltam/prob